Mes premiers livres de science

COLLECTION CRABTREE « LES JEUNES PLANTES »

LA CHAÎNE ALIMENTAIRE DANS LA FORÊT

Alan Walker

La forêt est un **habitat**.

Les animaux y trouvent de la nourriture et un **refuge**.

Les sauterelles grignotent l’herbe et les plantes.

Les sauterelles sont des **herbivores**.

Les souris grignotent des graines et des insectes.

Les souris sont des **omnivores**.

Les serpents glissent dans la forêt. Ils chassent les insectes et les souris.

Les serpents sont des **carnivores**.

Quand arrive la nuit, les hiboux attrapent leur **proie**.

Voici la chaîne alimentaire dans une forêt.

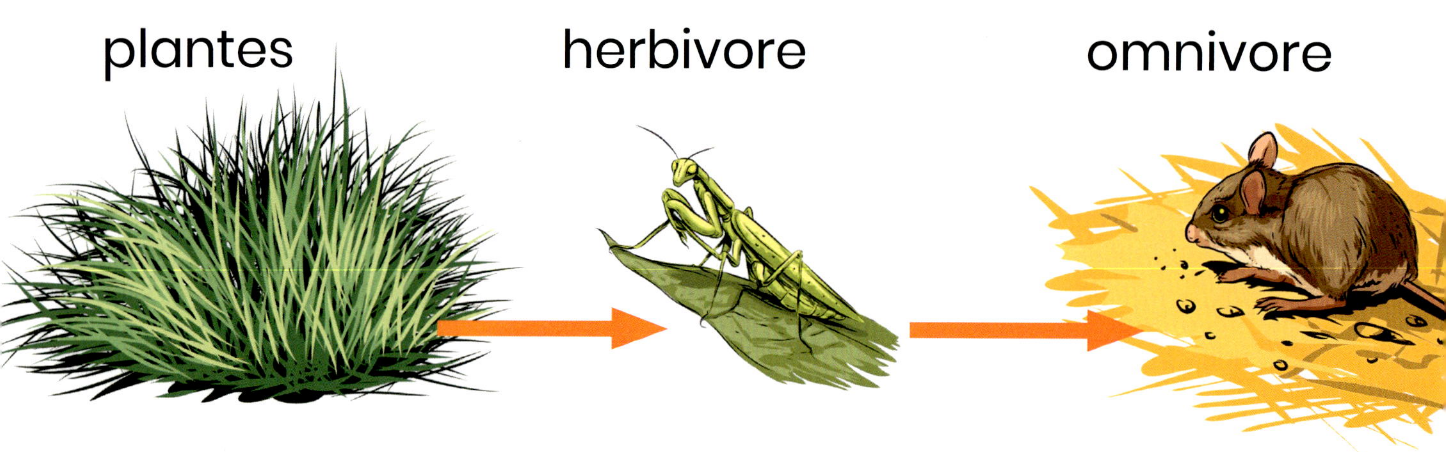

Il y plus d'une chaîne alimentaire dans une forêt.

Renseigne-toi sur les autres animaux de la forêt. Dessine une chaîne alimentaire différente.

Glossaire

carnivores (kar-ni-vor) : Les carnivores sont des animaux qui mangent les autres animaux.

habitat (a-bi-ta) : Un habitat est un endroit où vit naturellement une plante ou un animal.

herbivores (ér-bi-vor) : Les herbivores sont des animaux qui se nourrissent exclusivement de plantes.

omnivores (om-ni-vor) : Les omnivores sont des animaux qui se nourrissent à la fois de plantes et d'autres animaux.

refuge (re-fuj) : Le refuge est un endroit où un animal peut vivre et se protéger du mauvais temps ou échapper au danger.

proie (prwa) : Une proie est un animal qui est mangé par d'autres animaux.

Index

Soutien de l’école à la maison pour les gardien(ne)s et les enseignant(e)s.

Ce livre aide les enfants à se développer grâce à la pratique de la lecture. Voici quelques exemples de questions pour aider le(a) lecteur(-trice) à développer ses capacités de compréhension. Des suggestions de réponses sont indiquées.

Avant la lecture

- **Quel est le sujet de ce livre?** Je pense que ce livre traite de la chaîne alimentaire dans une forêt. Il pourrait nous renseigner sur la nourriture que les animaux mangent.
- **Qu’est-ce que je veux apprendre sur ce sujet?** Je veux savoir quels animaux font partie de la chaîne alimentaire dans une forêt. Quels sont les animaux sur la page couverture?

Durant la lecture

- **Je me demande pourquoi...** Je me demande pourquoi les sauterelles ont de si longues antennes.
- **Qu’est-ce que j’ai appris jusqu’à présent?** J’ai appris que les sauterelles, les souris, les serpents et les hiboux font partie de la chaîne alimentaire de la forêt.

Après la lecture

- **Nomme quelques détails que tu as retenus.** J’ai appris que les hiboux attrapent leur proie la nuit.
- **Lis le livre à nouveau et cherche les mots de vocabulaire.** Je vois le mot ***refuge*** à la page 5 et le mot ***carnivores*** à la page 17. Les autres mots du vocabulaire se trouvent aux pages 22 et 23.

Crabtree Publishing Company

www.crabtreebooks.com 1–800–387–7650

Version imprimée du livre produite conjointement avec Blue Door Education en 2021.

Imprimé au Canada/042021/CPC

Auteur : Alan Walker
Coordinatrice à la production et technicienne au prepress : Tammy McGarr
Coordinatrice à l’impression : Katherine Berti
Traduction : Claire Savard

Publié au Canada par Crabtree Publishing
616 Welland Ave.
St. Catharines, ON
L2M 5V6

Publié aux États-Unis par Crabtree Publishing
347 Fifth Ave
Suite 1402-145
New York, NY 10016

Catalogage avant publication de Bibliothèque et Archives Canada

Titre: La chaîne alimentaire dans la forêt / Alan Walker.
Autres titres: Food chain in a forest. Français
Noms: Walker, Alan (Écrivain pour la jeunesse), auteur.
Description: Mention de collection: Mes premiers livres de science | Collection Crabtree "Les jeunes plantes" | Traduction de : Food chain in a forest. | Traduction : Claire Savard. | Comprend un index.
Identifiants: Canadiana (livre numérique) 20210167726 | Canadiana (livre imprimé) 20210167718 | ISBN 9781427137494 (HTML) | ISBN 9781427150509 (EPUB) | ISBN 9781427136817 (couverture souple)
Vedettes-matière: RVM: Écologie forestière—Ouvrages pour la jeunesse. | RVM: Chaînes alimentaires (Écologie)—Ouvrages pour la jeunesse.
Classification: LCC QH541.5.F6 W3514 2021 | CDD j577.3/16—dc23